GW00514843

A, a, á	**F**, f
B, b	**G**, g
C, c, č	**H**, h
D, d, ď	**Ch**, ch
E, e, é, ě	**I**, i, í

2   ZÁKLADNÍ DĚLENÍ HLÁSEK

SAMOHLÁSKY	**krátké**	a, e, i, o, u
	dlouhé	á, é, í, ó, ú, ů
SOUHLÁSKY	**tvrdé**	h, ch, k, r, d, t, n
	měkké	ž, š, c, č, ř, j, ď, ť, ň
	obojetné	b, f, l, m, p, s, v, z

3   STAVBA SLOVA

KOŘEN	- je ta část slova, která je stejná u všech slov svým významem příbuzných
PŘEDPONA	- je ta část slova, která je připojena před kořen a mění význam slova
PŘÍPONA	- je ta část slova, která je připojena za kořen a mění význam slova
KONCOVKA	- je ta část ohebného slova, která se v jeho různých tvarech mění

předpona + kořen	vý + let
kořen + přípona	les + ník
kořen + koncovka	holub + ník
předpona + kořen + přípona	vy + mysl + it
předpona + kořen + koncovka	po + brež + í

Tabulky č. 49, 50 - rozevřete obálku   (čeština)

PODSTATNÁ JMÉNA - SUBSTANTIVA

DEFINICE:

- Podstatná jména jsou **názvy osob** (žena), **zvířat** (kočka),
  věcí (stůl) a samostatné názvy **dějů** (běhání), **vlastností** (ochota)
  a **vztahů** (láska).
- Jsou to slova ohebná (skloňují se).

DĚLENÍ:

- **konkrétní** (názvy osob, zvířat, věcí) - **obecná** (člověk)
  - **vlastní** (Pavel)
- **abstraktní** (názvy vlastností, činností, dějů)

URČUJEME:

a) **ROD** - mužský - *maskulinum* (<u>ten</u> strom)
   - ženský - *femininum* (<u>ta</u> řeka)
   - střední - *neutrum* (<u>to</u> slunce)

b) **ČÍSLO** - jednotné (kotě)
   - podstatná jména **hromadná** (dříví, kamení)
     - mají tvar jednotného čísla, ale znamenají více
       věcí téhož druhu
   - podstatná jména **látková** (mléko, voda)
     - označují látku bez zřetele na množství
   - podstatná jména **pomnožná** (kamna, dveře)
     - mají tvar množného čísla, ale mohou označovat
       i jednu věc
   - množné (koťata)

c) **PÁD** (viz tabulka "pádové otázky")

d) **VZOR** - rod mužský životný - pán, muž, předseda, soudce
   - rod mužský neživotný - hrad (les), stroj
   - rod ženský - žena, růže, píseň, kost
   - rod střední - město, moře, kuře, stavení

5 PÁDOVÉ OTÁZKY

1. pád	nominativ	kdo, co?	(Honza)
2. pád	genitiv	(bez) koho, čeho?	(Honzy)
3. pád	dativ	komu, čemu?	(Honzovi)
4. pád	akuzativ	(vidíme) koho, co?	(Honzu)
5. pád	vokativ	oslovujeme, voláme	(Honzo!)
6. pád	lokál	(o) kom, (o) čem?	(Honzovi)
7. pád	instrumentál	(s) kým, čím?	(Honzou)

6 VYJMENOVANÁ SLOVA

B být, obyčej, bystrý, bylina, kobyla, býk, babyka
(bych, kdybys, bydlit, nábytek, Bystřice, černobýl, Býkovice, Kobylisy, Bydžov, Hrabyně, Přibyslav, Zbyněk, Zbyšek, Zbyslav, Bylany, Byšice)

L slyšet, mlýn, blýskat se, polykat, plynout, plýtvat, lýko, lysý, lýtko, lýko, lyže, pelyněk, plyš, plytký, vlys
(neslýchaný, plynoměr, lýkožrout, plynulý, Lysá, Lysolaje, Volyně)

M my, mýt, hmyz, myslit i myslet, mýlit se, myš, hlemýžď, mýto, mýtit, mykat, zamykat, smýkat, dmýchat, chmýří, nachomýtnout se, mys, sumýš
(pomyje, mýval, úmysl, Nezamysl, Přemysl, Kamýk, Litomyšl, Myslov)

P pýcha, pytel, pysk, netopýr, slepýš, pyl, kopyto, klopýtat, třpytit se, zpytovat, pykat, pýr, pýří, pýřit se, pyj
(pýchavka, ptakopysk, sudokopytník, Spytihněv, Chropyně, Spytovice)

S sytý, syn, sýr, syrový, syrý, sychravý, usychat i usýchat, sýkora, sysel, sýček, syčet, sypat
(syreček, syrovinka, Sýkořice, Bosyně, Synkov, Syneč, Sýčina, Syslov)

V vy, vykat, vysoký, vydra, výr, zvykat, žvýkat, výt, výskat, povyk, vyžle, výheň, vyza, cavyky, kavyl
(zlozvyk, žvýkačka, Vysočany, Vyšehrad, Povydří, Vyškov, Výtoň)

Z brzy, jazyk, nazývat (se)
(jazykozpyt, jazylka, vyzývavý, Ruzyně)

ŽIVOTNÝ

číslo:	jednotné	množné	jednotné	množné
	PÁN		**MUŽ**	
1. pád	pán	páni, -ové	muž	muži, -ové
2. pád	pána	pánů	muže	mužů
3. pád	pánovi, -u	pánům	muži, -ovi	mužům
4. pád	pána	pány	muže	muže
5. pád	pane!	páni!, -ové!	muži!	muži!, -ové!
6. pád	pánovi, -u	pánech	muži, -ovi	mužích
7. pád	pánem	pány	mužem	muži
	PŘEDSEDA		**SOUDCE**	
1. pád	předseda	předsedové	soudce	soudci, -ové
2. pád	předsedy	předsedů	soudce	soudců
3. pád	předsedovi	předsedům	soudci, -ovi	soudcům
4. pád	předsedu	předsedy	soudce	soudce
5. pád	předsedo!	předsedové!	soudce!	soudci!, -ové!
6. pád	předsedovi	předsedech	soudci, -ovi	soudcích
7. pád	předsedou	předsedy	soudcem	soudci

NEŽIVOTNÝ

	HRAD		**STROJ**	
1. pád	hrad	hrady	stroj	stroje
2. pád	hradu (lesa)	hradů	stroje	strojů
3. pád	hradu	hradům	stroji	strojům
4. pád	hrad	hrady	stroj	stroje
5. pád	-	-	-	-
6. pád	hradě (lesu)	hradech	stroji	strojích
7. pád	hradem	hrady	strojem	stroji

8 SKLOŇOVÁNÍ PODST. JMEN - ŽENSKÝ ROD

číslo:	jednotné	množné	jednotné	množné
	ŽENA		**RŮŽE**	
1. pád	žena	ženy	růže	růže
2. pád	ženy	žen	růže	růží
3. pád	ženě	ženám	růži	růžím
4. pád	ženu	ženy	růži	růže
5. pád	ženo!	ženy!	-	-
6. pád	ženě	ženách	růži	růžích
7. pád	ženou	ženami	růží	růžemi
	PÍSEŇ		**KOST**	
1. pád	píseň	písně	kost	kosti
2. pád	písně	písní	kosti	kostí
3. pád	písni	písním	kosti	kostem
4. pád	píseň	písně	kost	kosti
5. pád	-	-	-	-
6. pád	písni	písních	kosti	kostech
7. pád	písní	písněmi	kostí	kostmi

9 SKLOŇOVÁNÍ PODST. JMEN - STŘEDNÍ ROD

	MĚSTO		**MOŘE**	
1. pád	město	města	moře	moře
2. pád	města	měst	moře	moří
3. pád	městu	městům	moři	mořím
4. pád	město	města	moře	moře
5. pád	-	-	-	-
6. pád	městě, -u	městech	moři	mořích
7. pád	městem	městy	mořem	moři
	KUŘE		**STAVENÍ**	
1. pád	kuře	kuřata	stavení	stavení
2. pád	kuřete	kuřat	stavení	stavení
3. pád	kuřeti	kuřatům	stavení	stavením
4. pád	kuře	kuřata	stavení	stavení
5. pád	kuře!	kuřata!	-	-
6. pád	kuřeti	kuřatech	stavení	staveních
7. pád	kuřete	kuřaty	stavení	staveními

10   SYNONYMA, ANTONYMA, HOMONYMA

SYNONYMA - slova souznačná; se stejným nebo podobným významem (mluvit - říkat, chodit - kráčet, malovat - kreslit).

ANTONYMA - opozita; slova s opačným významem (malý - velký, krátký - dlouhý).

HOMONYMA - slova souzvučná; stejně znějí, ale mají různý význam (rys - v obličeji, výkres, zvíře).
Nepravá homonyma mají stejnou zvukovou podobu, ne však písemnou (mít - mýt, víti - výti). V některých případech je tomu naopak.

11   PRAVOPIS ú, ů, u

ú - na začátku slov (úkol, úl, úterý)
- po předponě a na začátku druhé části složených slov (pravo-úhlý, ne-útulný, bez-úhonný, z-účtovat, z-úžit)
- v citoslovcích (bú, cukrú, hú, vrkú)
- v slově ocún a některých slovech přejatých (fúze, manikúra, múza)

ů - v ostatních případech (kromě výše uvedených pravidel) píšeme <u>ů</u>: - uvnitř slov (kůň, dům, hůl, stůl)
          - v koncovkách (přátelům, zedníků)

u - kromě běžných českých slov (kupovat, umět) se <u>u</u> píše ve slovech přejatých zakončených na příponu -ura (agentura, brožura, kultura)

12   PRAVOPIS PŘEDPON vz-, s-, z-

vz- - směřování vzhůru (vztyčit, vzlétnout)
- vymanění se z nějakého stavu (vzpamatovat se, vzkřísit)

s- - směřování dohromady (shluknout se, sejít se)
- směřování shora dolů (seskočit, slézt, sejít)
- směřování z povrchu pryč (setřít, smazat, smýt)

z- - dokončení děje (zlomil, ztratil)
- stát se nějakým nebo změnit stav (zhubl, zmoudřel, zmodral, změkl)

-bje-, -vje-

ob-**jet**	(ob-**jet**-í, ob-**jed**-e)	Určující část slova, tj. slovní kořen,
ob-**jev**	(ob-**jev**-it, ob-**jev**-itel)	začíná na "**je**". Po připojení před-
		pon ob- a v- vznikají skupiny bje,
v-**jet**	(v-**jed**-e, v-**jed**-eme)	vje, které zůstávají i v jiných tvarech
v-**jezd**	(**jezd**-ec, **jezd**-it)	téhož slova či slovech odvozených.

-bě-, -vě-

o-**běh**	(za-**běh**-nout)	"ě" je součástí kořenu slova;
o**bět**-iště	(o**běť**, o**bět**-ovat)	nemění se ani u slov odvozených
věd-a	(**věd**-ec, **věd**-ní)	
věz-ení	(u-**věz**-nit, **věz**-eň)	

-mně-, -mě-

skro**mně**	- skro**mný**	Pravopisnou pomůckou jsou
rozu**mně**	- rozu**mný**	odvozená slova, v nichž slyšíme,
zapo**mněl**	- zapo**menout**	zda souhláska **n** je součástí slova,
vědo**mě**	- vědo**mý**	či nikoli.
soukro**mě**	- soukro**mý**	
ta**mě**jší	- ta**m**	

-pě-

na**pě**tí	Vždy píšeme pouze "pě" nikoli "pje"
pěkný	

MNĚ	3. pád	Přinesl to přímo mně. *(jako tobě)*
	6. pád	Bavili se celou dobu jen o mně. *(jako tobě)*
MĚ	2. pád	Beze mě by to nezvládli. *(jako tě)*
	4. pád	Viděli mě tam s tebou. *(jako tě)*

SOUHLÁSKY	PRAVOPIS i / y	PRAVIDLA A VÝJIMKY
TVRDÉ	y, ý	**v domácích slovech** Výjimka: v citoslovcích (chichi) a slovech citoslovečného původu se píše i̠, í̠ (chichotat se).
MĚKKÉ	i, í	**v domácích slovech** Výjimka: se dvěma tácy (jako hrady).
OBOJETNÉ	i, í	**v kořenech** (míchat, pít, píseň, zima) Pozor! Ve vyjmenovaných slovech a slovech jim příbuzných se píše v kořenu y̠, ý̠ (mlýn, mlynář).
	i, í	**v příponách** (bor-ovice, hus-ita,bal-íček). Pozor! Ve vyjmenovaných slovech se píše y̠, ý̠ (kop-yto, brz-y).
	i, í	**v koncovkách přítomného času** **sloves** (zdobím, zdobíš, zdobí, zdobíme, zdobíte, zdobí)
	y, ý	**v předponách vy-, vý-** (vy-skočit)
	i / y	**v koncovkách podstatných jmen** se pravopis řídí vzory
	i / y	**v koncovkách přídavných jmen** se pravopis řídí vzory
	i / y	**v koncovkách příčestí minulého** se pravopis řídí pravidly shody podmětu s přísudkem

- vytváříme je tak, že vypisujeme první písmeno (počáteční skupinu písmen) slova nebo slovního spojení
- měly by končit souhláskou
- za zkratkou píšeme tečku
- zkratky, které vznikly zkrácením pojmenování vlastních jmen, píšeme s velkým počátečním písmenem

- zkratky akademických titulů:

Bc.	= bakalář - první stupeň univerzitní hodnosti (Bc. Jan Vlk)
Mgr.	= magistr - absolvent vysokoškolského studia na univerzitách (Mgr. Jan Vlk)
Ing.	= inženýr - absolvent ekonomických, technických a zemědělských vysoký škol (Ing. Jan Vlk)
Dr.	= doktor (titul udělovaný po obhájení disertace, vykonání rigorózních zkoušek nebo dosažené po dokončení VŠ)
MVDr.	= doktor veterinární medicíny - absolvent vysoké školy veterinární (MVDr. Jan Vlk)
MUDr.	= doktor medicíny - absolvent lékařské fakulty
JUDr.	= doktor práv (JUDr. Jan Vlk)
PaedDr.	= doktor pedagogiky (PaeDr. Jan Vlk)
PhDr.	= doktor filozofie (PhDr. Jan Vlk)
PharmDr.	= doktor farmacie (PharmDr. Jan Vlk)
RNDr.	= doktor přírodních věd (RNDr. Jan Vlk)
ThDr.	= doktor teologie (ThDr. Jan Vlk)
CSc.	= kandidát věd - candidatus scientiarum (MVDr. Jan Vlk, CSc.)
DrSc.	= doktor věd - doctor scientiarum (RNDr. Jan Vlk, DrSc.)
doc.	= docent (doc. PhDr. Jan Vlk)
prof.	= profesor (prof. PaedDr. Jan Vlk)
akad. arch.	= akademický architekt (akad. arch. Jan Vlk)

- nejužívanější zkratky:

atd. = a tak dále, **ap.**, **apod.** = a podobně, **např.** = například, **popř.** = popřípadě, **tzv.** = takzvaný, **tj.** = to je, **aj.** = a jiné, **př. n. l.** = před naším letopočtem, **př. Kr.** = před Kristem, **a.s.** = akciová společnost, **odd.** = oddělení, **P.F.** = pour féliciter, **P.S.** = post scriptum, **j.č.** = jednotné číslo, **mn. č.** = množné číslo, **kpt.** = kapitán, **sl.** = slečna, **p.** = pan, **pí** = paní, **fa** = firma, **fy** = firmy

DEFINICE:

- Přídavná jména vyjadřují **vlastnosti podstatných jmen** (milá dívka, černý pes, kvetoucí louka, něžná krása).
- Jsou to slova ohebná, skloňují se.
- S podstatnými jmény, na nichž závisí, se shodují v rodě, čísle a pádě (hnědý kůň, hnědá kráva, hnědé štěně, hnědá štěňata, hnědým štěňatům)

URČUJEME:

a) **ROD**   - shodují se s rodem, číslem a pádem podstatného
b) **ČÍSLO**   jména, na němž závisí
c) **PÁD**

d) **VZOR**   - tvrdá přídavná jména
              - ve tvaru složeném   **- mladý, mladá, mladé**
              - ve tvaru jmenném   **- mlád, mláda, mládo**
        - měkká příd. jména   **- jarní, jarní, jarní**
        - přivlastňovací příd. jm.   **- otcův, otcova, otcovo**
                                    - matčin, matčina, matčino

e) **DRUH**   - **tvrdá**   - 1.pád j.č.koncovky: -ý, -á, -é
                            (zlý muž, zlá žena, zlé dítě)
          - **měkká**   - 1.pád j.č. - koncovka -í
                            (psí ocas, psí bouda, psí oko)
          - **přivlastňovací**

f) **STUPEŇ**

1. stupeň	**2. stupeň**	**3. stupeň**
pozitiv	komparativ	superlativ
	(-ejší, -ější, -ší, -í)	(nej-)
rychlý	rychlejší	nejrychlejší
vděčný	vděčnější	nejvděčnější
prudký	prudší	nejprudší
hezký	hezčí	nejhezčí

         - **Nepravidelné stupňování**:
           dobrý - lepší, zlý - horší, velký - větší, malý - menší.

TVRDÁ

pád	rod mužský	rod ženský	rod střední
1. j.č.	mladý (muž)	mladá (žena)	mladé (zvíře)
2.	mladého (muže)	mladé (ženy)	mladého (zvířete)
3.	mladému (muži)	mladé (ženě)	mladému (zvířeti)
4.	mladého (muže)	mladou (ženu)	mladé (zvíře)
5.	mladý (muži!)	mladá (ženo!)	mladé (zvíře!)
6.	mladém (muži)	mladé (ženě)	mladém (zvířeti)
7.	mladým (mužem)	mladou (ženou)	mladým (zvířetem)
1.mn.č.	mladí (muži) mladé (stromy)	mladé (ženy)	mladá (zvířata)
2.	mladých (mužů)	mladých (žen)	mladých (zvířat)
3.	mladým (mužům)	mladým (ženám)	mladým (zvířatům)
4.	mladé (muže) mladý (strom)	mladé (ženy)	mladá (zvířata)
5.	mladí (muži!) mladé (stromy!)	mladé (ženy!)	mladá (zvířata!)
6.	mladých (mužích)	mladých (ženách)	mladých (zvířatech)
7.	mladými (muži)	mladými (ženami)	mladými (zvířaty)

MĚKKÁ

pád	rod mužský	rod ženský	rod střední
1. j.č.	jarní (motýl)	jarní (noc)	jarní (ráno)
2.	jarního (motýla)	jarní (noci)	jarního (rána)
3.	jarnímu (motýlovi,-u)	jarní (noci)	jarnímu (ránu)
4.	jarního (motýla) jarní (déšť)	jarní (noc)	jarní (ráno)
5.	jarní (motýle!)	jarní (noci!)	jarní (ráno!)
6.	jarním (motýlovi,-u)	jarní (noci)	jarním (ránu)
7.	jarním (motýlem)	jarní (nocí)	jarním (ránem)
1. mn.č.	jarní (motýli)	jarní (noci)	jarní (rána)
2.	jarních (motýlů)	jarních (nocí)	jarních (rán)
3.	jarním (motýlům)	jarním (nocím)	jarním (ránům)
4.	jarní (motýly)	jarní (noci)	jarní (rána)
5.	jarní (motýli!, -ové!)	jarní (noci!)	jarní (rána!)
6.	jarních (motýlech)	jarních (nocích)	jarních (ránech)
7.	jarními (motýly)	jarními (nocemi)	jarními (rány)

DEFINICE:

- Zájmena **zastupují podstatná jména** nebo na ně ukazují.
- Jsou to slova ohebná, skloňují se.

URČUJEME:

a) **PÁD**
b) **ČÍSLO**
c) **ROD**
d) **VZOR** — bezrodá (já, ty, my, vy, se)
　　　　　　　　　　　　— mají zvláštní skloňování
　　　　　　　— rodová — zájmenné skloňování
　　　　　　　　　　　　— tvrdý vzor **ten**
　　　　　　　　　　　　— měkký vzor **náš**
　　　　　　　　　　　　— složené skloňování
　　　　　　　　　　　　　　　　　　mladý, jarní

e) **DRUH** — osobní:
　　　　　　　já, ty, on, ona, ono, my, vy, oni, ony, ona, zvratné se
　　　　　　— přivlastňovací:
　　　　　　　můj, tvůj, jeho, její, náš, váš, jejich, zvratné svůj
　　　　　　— ukazovací:
　　　　　　　ten, tento, tenhle, onen, takový, týž, tentýž, sám
　　　　　　— tázací:
　　　　　　　kdo, co, jaký, který, čí
　　　　　　— vztažná:
　　　　　　　kdo, co, jaký, který, čí, jenž
　　　　　　— neurčitá:
　　　　　　　někdo, něco, některý, nějaký, něčí; ledakdo; kdokoli; kdosi,
　　　　　　　cosi, kterýsi, jakýsi, číski; leckdo, lecco, leckterý; každý,
　　　　　　　všechen
　　　　　　— záporná:
　　　　　　　nikdo, nic, nijaký, ničí, žádný

	já	**ty**	**on / ono**	**ona**
1. pád	já	ty	on	
2. pád	mě, mne	tě, tebe	jeho, něho, ho	ona
3. pád	mi, mně	ti, tobě	jemu, němu, mu	jí, ní
4. pád	mě, mne	tě, tebe	jej, jeho, něj, něho, ho / je, ně, ho	ji, ni
6. pád	mně	tobě	něm	ní
7. pád	mnou	tebou	ním	jí, ní

	my	**vy**	**oni / ona / ony**	**se, si**
1. pád	my	vy	oni / ona / ony	se, si
2. pád	nás	vás	jich, nich, jejich	sebe
3. pád	nám	vám	jim, nim	sobě, si
4. pád	nás	vás	je, ně	sebe, se
6. pád	nás	vás	nich	sobě
7. pád	námi	vámi	jimi, nimi	sebou

jednotné číslo			množné číslo		
mužský	**ženský**	**střední**	**mužský**	**ženský**	**střední**
můj	má, moje	mé, moje	mí, moji / mé, moje	mé, moje	moje, má
tvůj	tvá, tvoje	tvé, tvoje	tvoji, tvé	tvé, tvoje	tvoje, tvá
jeho	jeho	jeho	jeho	jeho	jeho
její	její	její	její	její	její
náš	naše	naše	naši, naše	naše	naše
váš	vaše	vaše	vaši, vaše	vaše	vaše
jejich	jejich	jejich	jejich	jejich	jejich

pád	**mužský**	**ženský**	**střední**	**mužský**	**ženský**	**střední**
1.	ten	ta	to	ti, ty	ty	ta
2.	toho	té	toho	těch	těch	těch
3.	tomu	té	tomu	těch	těch	těch
4.	toho, ten	tu	to	ty	ty	ta
6.	tom	té	tom	těch	těch	těch
7.	tím	tou	tím	těmi	těmi	těmi

DEFINICE:

- Číslovky jsou slova významu **číselného**. Označují **počet, pořadí, druh, násobenost nebo podíl**.
- Jsou to slova ohebná, skloňují se.

URČUJEME:

a) **PÁD**
b) **ČÍSLO**
c) **ROD**
d) **VZOR** - **základní**
    - jeden jako **ten** (zájmenné skloňování)
    - dva, oba: 2. a 6. pád - dvou, obou
                 3. a 7. pád - dvěma, oběma
    - tři, čtyři podle vzoru **kost**:
                 7. pád - třemi, 2. pád - čtyř
    - sto (město), tisíc (stroj), milion (hrad), miliarda (žena)
    - **řadové**
    - podle vzorů příd. jmen: **jarní** (třetí), **mladý** (pátý)
    - **druhové**
    - podle vzorů příd. jmen **jarní** (trojí), **mladý** (paterý)
    - **násobné**
    - zakončené na -krát (třikrát): neskloňují se
    - zakončené na -násobný (trojnásobný): podle **mladý**

e) **DRUH**

	určité	neurčité
- základní	tři, pět	několik, málo
- řadové	třetí, pátý	několikátý
- druhové	trojí, paterý	několikerý
- násobné	třikrát, pětkrát	několikrát, několikanásobný

DEFINICE:

- Slovesa vyjadřují **činnost** (pracovat), **stav** (ležet) nebo **změnu stavu** (zčervenal).
- Jsou to slova ohebná, časují se.

URČUJEME:

a) **OSOBU**   **1.** já   **1.** my
                 2. ty   **2.** vy
                 3. on, ona, ono   **3.** oni, ony, ona

b) **ČÍSLO**   **- jednotné**   - singulár (dělám)
              - množné   - plurál (děláme)

c) **ČAS**   **- přítomný**   - prézens (dělám, děláme)
            - minulý   - préteritum (dělal jsem, dělali jsme)
            - budoucí   - futurum (budu dělat, budeme dělat)

d) **ZPŮSOB** **- oznamovací**   - indikativ (dělám, děláme)
              - rozkazovací   - imperativ (dělej!, dělejme!)
              - podmiňovací - kondicionál (dělal bych, dělali bychom)

e) **ROD**   **- činný**   - aktivum - podmět je průvodcem děje
                                 (vidím, viděl jsem, budu vidět)
              - trpný   - pasivum - podmět není průvodcem
                                 děje (jsem viděn, byl jsem viděn, budu
                                 viděn)

f) **VID**   **- nedokonavý** - vyjadřuje děj probíhající, neohrani-
                                 čený v přítomném, minulém nebo
                                 budoucím čase (rostl, roste, poroste)
              - dokonavý   - vyjadřuje děj ohraničený v minulém
                                 nebo budoucím čase
                                 (sedl jsem si, sednu si)

g) **TŘÍDU**
h) **VZOR**

1. třída - koncovka ve 3. osobě jednotného čísla **-e**
- tvrdé: <u>nese</u> (nesl), <u>bere</u> (bral)
- měkké: <u>maže</u> (mazal), <u>peče</u> (pekl), <u>umře</u> (umřel)

2. třída - koncovka ve 3. osobě jednotného čísla **-ne**
- tvrdé: <u>tiskne</u> (tiskl), <u>mine</u> (minul), <u>začne</u> (začal)

3. třída - koncovka ve 3. osobě jednotného čísla **-je**
- tvrdé: <u>kryje</u> (kryl), <u>kupuje</u> (kupoval)

4. třída - koncovka ve 3. osobě jednotného čísla **-í**
- tvrdé: <u>prosí</u> (prosil), <u>trpí</u> (trpěl), <u>sází</u> (sázel)

5. třída - koncovka ve 3. osobě jednotného čísla **-á**
- tvrdé: <u>dělá</u> (dělal)

osoba	přítomný čas	budoucí čas	minulý čas
1. j.č.	jsem	budu	byl jsem, byla jsem
2.	jsi	budeš	byl jsi, byla jsi
3.	je	bude	byl, byla, bylo
1. mn.č.	jsme	budeme	byli jsme, byly jsme
2.	jste	budete	byli jste, byly jste
3.	jsou	budou	byli, byly, byla

osoba	přítomný čas	přítomný čas	přítomný čas
1. j.č.	jím	vím	chci
2.	jíš	víš	chceš
3.	jí	ví	chce
1. mn.č.	jíme	víme	chceme
2.	jíte	víte	chcete
3.	jedí	vědí	chtějí, chtí

PRVNÍ TŘÍDA (- E)

osoba	přítomný čas	minulý čas
NÉST		
1. j.č.	nesu	nesl jsem
2.	neseš	nesl jsi
3.	nese	nesl
1. mn.č.	neseme	nesli jsme
2.	nesete	nesli jste
3.	nesou	nesli*, nesly**, nesla***
BRÁT		
1. j.č	beru	bral jsem
2.	bereš	bral jsi
3.	bere	bral
1. mn.č.	bereme	brali jsme
2.	berete	brali jste
3.	berou	brali*, braly**, brala***
MAZAT		
1. j.č.	mažu, maži	mazal jsem
2.	mažeš	mazal jsi
3.	maže	mazal
1. mn.č.	mažeme	mazali jsme
2.	mažete	mazali jste
3.	mažou, maží	mazal*, mazaly**, mazala***
PÉCI		
1. j.č.	peču	pekl jsem
2.	pečeš	pekl jsi
3.	peče	pekl
1. mn.č.	pečeme	pekli jsme
2.	pečete	pekli jste
3.	pečou	pekli*, pekly**, pekla***
UMŘÍT		
1. j.č.	umřu	umřel jsem
2.	umřeš	umřel jsi
3.	umře	umřel
1. mn.č.	umřeme	umřeli jsme
2.	umřete	umřeli jste
3.	umřou	umřeli*, umřely**, umřela***

* - oni, ** - ony, *** - ona

DRUHÁ TŘÍDA (-NE)

osoba	přítomný čas	minulý čas
TISKNOUT		
1. j.č.	tisknu	tiskl jsem
2.	tiskneš	tiskl jsi
3.	tiskne	tiskl
1. mn.č.	tiskneme	tiskli jsme
2.	tisknete	tiskli jste
3.	tisknou	tiskli*, tiskly**, tiskla***
MINOUT		
1. j.č.	minu	minul jsem
2.	mineš	minul jsi
3.	mine	minul
1. mn.č.	mineme	minuli jsme
2.	minete	minuli jste
3.	minou	minuli*, minuly**, minula***
ZAČÍT		
1. j.č.	začnu	začal jsem
2.	začneš	začal jsi
3.	začne	začal
1. mn.č.	začneme	začali jsme
2.	začnete	začali jste
3.	začnou	začali*, začaly**, začala***

TŘETÍ TŘÍDA (-JE)

osoba	přítomný čas	minulý čas
KRÝT		
1. j.č.	kryji	kryl jsem
2.	kryješ	kryl jsi
3.	kryje	kryl
1. mn.č.	kryjeme	kryli jsme
2.	kryjete	kryli jste
3.	kryjí	kryli*, kryly**, kryla***
KUPOVAT		
1. j.č.	kupuji	kupoval jsem
2.	kupuješ	kupoval jsi
3.	kupuje	kupoval
1. mn.č.	kupujeme	kupovali jsme
2.	kupujete	kupovali jste
3.	kupují	kupovali*, kupovaly**, kupovala***

* - oni, ** - ony, *** - ona

ČTVRTÁ TŘÍDA (- Í)

osoba	přítomný čas	minulý čas
PROSIT		
1. j.č.	prosím	prosil jsem
2.	prosíš	prosil jsi
3.	prosí	prosil
1. mn.č.	prosíme	prosili jsme
2.	prosíte	prosili jste
3.	prosí	prosili*, prosily**, prosila***
TRPĚT		
1. j.č.	trpím	trpěl jsem
2.	trpíš	trpěl jsi
3.	trpí	trpěl
1. mn.č.	trpíme	trpěli jsme
2.	trpíte	trpěli jste
3.	trpí	trpěli*, trpěly**, trpěla***
SÁZET		
1. j.č.	sázím	sázel jsem
2.	sázíš	sázel jsi
3.	sází	sázel
1. mn.č.	sázíme	sázeli jsme
2.	sázíte	sázeli jste
3.	sází	sázeli*, sázely**, sázela***

PÁTÁ TŘÍDA (-Á)

	přítomný čas	minulý čas
DĚLAT		
1. j.č.	dělám	dělal jsem
2.	děláš	dělal jsi
3.	dělá	dělal
1. mn.č.	děláme	dělali jsme
2.	děláte	dělali jste
3.	dělají	dělali*, dělaly**, dělala***

* - oni, ** - ony, *** - ona

DEFINICE:

- Příslovce vyjadřují **bližší okolnosti dějů a vlastností:**
  a) místo (tam)
  b) čas (pozdě)
  c) způsob (dobře)
  d) příčinu nebo důvod (proto)
  e) stupeň vlastnosti nebo míru věci (velmi, dost)
- Jsou to slova neohebná.

STUPŇOVÁNÍ:

1. stupeň	2. stupeň	3. stupeň
pozitiv	komparativ	superlativ
	(-eji, -ěji, -e)	(nej-)
lehce	lehčeji	nejlehčeji
levně	levněji	nejlevněji
daleko	dále	nejdále

32 PŘEDLOŽKY - PREPOZICE

DEFINICE:

- Předložky se pojí **s podstatnými jmény** (k příteli), **zájmeny** (od něho) **nebo číslovkam**i (bez dvou) a vytvářejí s nimi **předložkové vazby**. Tyto vazby vyjadřují různé okolnosti a vztahy (místo, čas, způsob, příčinu, aj.). Předložka se pojí s určitým pádem (nebo s více pády), a určuje tak pád slova (k příteli - 3. pád)
- Jsou to slova neohebná

NEJČASTĚJI POUŽÍVANÉ PŘEDLOŽKY:

- bez, do, k, ke, ku, kolem,kromě, mezi, na, nad, od, po, pod, podél, před, přes, s, se,u, v, ve, z, za, ze, ...

PRAVOPIS PŘEDLOŽEK " S, Z ":

- **s** - pojí se se <u>7. pádem</u> (s dcerou, se ženou)
- **z** - pojí se s <u>2. pádem</u> (z lesa, ze zlata)
  /při pohybu z povrchu pryč nebo po povrchu dolů, lze použít předložku **s** /

33 SPOJKY - KONJUNKCE

DEFINICE:

- Spojky **spojují jednotlivé větné členy nebo věty.**
- Jsou to slova neohebná.

DĚLENÍ:

a) **souřadicí** (a, i, ani, nebo, ale, avšak, ...)
   -spojují větné členy nebo věty v souřadném vztahu
   (Chutnají mu jablka a hrušky.)

b) **podřadicí** (že, aby, když, jestliže, ...)
   - spojují obvykle větu vedlejší s větou řídící(Chci, aby se dostavil.)
   nebo závislý větný člen s členem řídícím (Vlekl se jako hlemýžď.)

- před spojkami spojujícími větné členy **píšeme zpravidla čárku**
- před spojkami <u>a</u>, <u>i</u>, <u>ani</u>, <u>nebo</u> **čárku nepíšeme** ve vztahu
  slučovacím (Petr i Pavel)

34 ČÁSTICE - PARTIKULE

DEFINICE:

- Částice vyjadřují obvykle **zvolání, přání, podiv, rozkaz** apod.
  Tímto uvozují samostatné věty a naznačují jejich druh.Ve větě
  nebývají větnými členy.
- Jsou to slova neohebná.

PŘÍKLADY:

- **Ať** tu zůstane.
- Prší, prší **jen** se leje.
- To je **věru** pravda.
- **Zdali** ho potkala?
- **A** co teď?
- **I** ty nezbednice!
- **Aby** to čert vzal!

DEFINICE:

- Citoslovce vyjadřují **hlasy, zvuky** (bú, iá, bzzz, dup, prásk, cink)
  nálady, city (ach, brr, fuj, jé)
  vůli, upozorňují na něco (haló, oh, hej, hleď)
- Nebývají většinou větnými členy (Křáp, hrnek se rozbil.).
  Někdy mohou být přísudkem (Hrnek křáp.)
- Jsou to slova neohebná.
- Mohou být odděleny čárkami, vykřičníkem nebo pauzou.

36   DRUHY VĚT

- **OZNAMOVACÍ** (enunciativní)
  - něco tvrdí nebo oznamují, sloveso bývá ve způsobu oznamova-
    cím nebo podmiňovacím, konec věty je vyznačen tečkou
    (Šla bych tam.)
- **TÁZACÍ** (interrogativní)
  - vyjadřují otázku, užívají způsobu oznamovacího nebo podmiňo-
    vacího, konec věty je vyznačen otazníkem (Šla bys tam?)
  - **druhy otázek:**
    - <u>zjišťovací</u> - odpovídáme na ně *"ano, ne"* (Byl jsi tam?)
    - <u>doplňovací</u> - doplňujeme neúplnou znalost věci, jsou uvedeny
      tázacím zájmenem *kde, kdy, kdo, co, ...* (Jaké to bylo?)
    - <u>vylučovací</u> - zjišťujeme, která z možností je správná
      (Byl jsi tam nebo nebyl?)
    - <u>rozvažovací</u> - ptáme se sami sebe na další postup (Mám tam jít?)
    - <u>řečnické</u> - vyjadřují tvrzení, na které neočekáváme odpověď
      (Přesvědčí nás o tom dnes vůbec někdo?)
- **ŽÁDACÍ**
  - **rozkazovací** (imperativní)
    - vyjadřují rozkaz, zákaz nebo prosbu, konec věty bývá vyznačen
      vykřičníkem (Nechoď tam!, Odpusť mi!)
  - **přací** (dezirativní)
    - vyjadřují citově zabarvenou vůli mluvčího, bývají uvedeny
      částicemi *ať, kéž, nechť*, konec věty bývá vyznačen tečkou
      nebo vykřičníkem (Kéž by tam přišla!)
- **ZVOLACÍ** (exklamativní)
  - vyjadřují citový poměr k vyjadřované skutečnosti, bývají
    zakončeny vykřičníkem (To je dnes ale krásný den!)

- je **základní větný člen**

- vyjadřuje **původce (nositele) děje, stavu, vlastnosti** (<u>Jana</u> čte.)

- **není mluvnicky závislý** na žádném jiném větném členu

- **je vyjádřen:** podstatným jménem (<u>Jana</u> čte.)
    zájmenem (<u>Ona</u> čte)
    přídavným jménem (<u>Moudřejší</u> ustoupí.)
    zájmenem (<u>Někdo</u> z davu zapískal)
    číslovkou (<u>Třetí</u> souhlasí.)
    infinitivem slovesa (<u>Učit se</u> je důležité.)
    příslovcem (Tvoje <u>proč</u> mě nerozčílí.)
    částicí (Jeho <u>zajisté</u> je pověstné.)
    citoslovcem (Náhle se ozvalo pronikavé <u>crrrrr.</u>)

- **ptáme se** na něj otázkou 1. pádu **kdo?, co?** a **přísudkem**
("Kdo čte?" - <u>Jana</u> čte.)

- tvoří s přísudkem **základní skladebnou dvojici**
(<u>Jana</u> čte. /podmět + přísudek/)

- s přísudkem se shoduje v **osobě** a **čísle**
(Jana čte. - 3. osoba jednotného čísla)

- **může být:** - **holý** (<u>Honza</u> vyrazil do světa.)
    - **rozvitý** (<u>Červená karkulka</u> šla lesem.)
    - **několikanásobný** (<u>Jeníček</u> a <u>Mařenka</u> zabloudili.)
    - **nevyjádřený**
        - je-li znám ze souvislosti nebo tvaru slovesa
            (Odešel včera.)
    - **všeobecný**
        - např. někdo, člověk, lidé - nikoli konkrétní životný
            podmět (Psali to v novinách.)

- je **základní větný člen**

- vyjadřuje, co podmět **dělá** (Jana <u>čte</u>.), co se s ním **děje** (Film <u>končí</u>.), jaký podmět **je** (Strom <u>je zelený</u>.)

- **je vyjádřen:**
  - slovesem ve tvaru určitém - přísudek **slovesný**
    - jednoduchý (Jana <u>čte</u>.)
    - složený (Jana <u>je pozvána</u>.)

  - jménem se sponou - přísudek **jmenný se sponou**
    (Karel <u>je zahradníkem</u>.)

  - pouze jménem - přísudek **jmenný beze spony**
    (Vstupné <u>dobrovolné</u>.)

  - spojením způsobového slovesa (muset, moci, smět, chtít, mít, atd.) nebo fázového slovesa (začít, přestat, ustávat, atd.) s infinitivem
    (<u>Nemůže chodit</u>. <u>Přestává psát</u>.)

- **ptáme se** na něj otázkou **"Co dělá** podmět?"   (<u>Čte</u>.)
  "Co se děje s podmětem?" (<u>Končí</u>.)
  "Co se říká o podmětu?"   (<u>Čte</u>. <u>Končí</u>.)

- tvoří s podmětem **základní skladebnou dvojici**
  (Jana <u>čte</u>. /podmět + přísudek/)

- s podmětem se shoduje v **osobě** a **čísle**
  (Jana <u>čte</u>. - 3. osoba jednotného čísla)

- **může být:**   - **holý** (<u>Běhá</u>.)
  - **rozvitý** (Dobře <u>běhá</u>.)
  - **několikanásobný** (Dobře <u>běhá</u>, <u>lyžuje</u> a <u>bruslí</u>.)

- je **rozvíjející větný člen**
- rozvíjí **sloveso** nebo **přídavné jméno**

- **vyjadřuje osobu** (Hledám <u>Janu</u>.), **zvíře** (Chová <u>králíka</u>.) **nebo věc** (Čte <u>časopis</u>.), **které se slovesný děj přímo týká**

- **závisí na slovese nebo na přídavném jménu** a vytváří s nimi skladebnou dvojici (Čte <u>román</u>. Čtoucí <u>román</u>.)
- ve skladebné dvojici je sloveso nebo přídavné jméno členem řídícím, neboť řídí pád předmětu

- bývá vyjádřen: - podstatným jménem (Čte <u>román</u>.)
  - zájmenem (Zdraví <u>vás</u>.)
  - tvarem přídavného jména
    (Předepsal <u>nemocnému</u> lék.)
  - číslovkou (Potkala jsem <u>oba</u>.)
  - infinitivem (Slíbil <u>přijít</u>.)

- **ptáme se na něj pádovými otázkami** (kromě 1. a 5. pádu):
  2. pád (Jirka se zúčastnil <u>závodu</u>.)
  3. pád (Prodavač ukázal zboží <u>zákazníkovi</u>.)
  4. pád (Viděli jsme letět <u>kometu</u>.)
  6. pád (Přečetl román o <u>upírech</u>.)
  7. pád (Slavie prohrála utkání s <u>Bordeaux</u>.)

- pokud se lze zeptat i jinak než pádovými otázkami, o předmět se nejedná (Přišli <u>z lesa</u>. - Z (koho) čeho přišli? - Odkud přišli? Větný člen <u>z lesa</u> je příslovečné určení místa.)

- může být: - **holý** (Čte <u>román</u>.)
  - **rozvitý** (Čte <u>napínavý román</u>.)
  - **několikanásobný** (Čte <u>román a dopis</u>.)

- je **rozvíjející větný člen**

- **rozvíjí** a přesněji určuje **podstatné jméno** (<u>Nový</u> dům.)

- **závisí na podstatném jménu**

- **ptáme se** na něj **podstatným jménem a otázkami:
  jaký?, který?, čí?, kolik?, kolikátý?**

- **rozlišujeme:**
  - přívlastek shodný - shoduje se se členem řídícím v pádě, čísle
    a rodě, dá se s ním skloňovat
    (<u>Prašná</u> cesta -1. pád, jed. číslo, ženský rod)
  - přívlastek neshodný - bývá velmi často vyjádřen podst.jménem
    v pádě prostém nebo předložkovém
    (vůně <u>šeříků</u>, pohled <u>z okna</u>)
    - skloňuje se pouze řídící podstatné jméno
    (1. pád - Cesta <u>údolím</u>., 7. pád - Cestou <u>údolím</u>.)

- **je vyjádřen:**
  a) shodný: - přídavným jm. (<u>Hezký</u> den.)
    - zájmenem (<u>Tato</u> dívka.)
    - číslovkou (<u>Druhá</u> hodina.)
  b) neshodný: - podstatným jm. (Cesta <u>lesem</u>.)
    - příslovcem (Návrat <u>domů</u>.)
    - infinitivem (Touha <u>vrátit se</u>.)

- **může být:** - **holý** (<u>Velký</u> rybník.)
  - **rozvitý** (<u>Příliš malé</u> sako.)
  - **několikanásobný** (<u>Bílé a červené</u> víno.)
  - **postupně rozvíjející** (<u>Košatý kvetoucí</u> strom.)
  - **volný** - můžeme jej vynechat, aniž by se změnil
    smysl věty; oddělujeme jej čárkami
  - **těsný** - nelze jej vynechat, aniž by se změnil smysl
    věty; neoddělujeme jej čárkami

- je **rozvíjející větný člen**

- vyjadřuje **okolnosti** a **vztahy**

- **závisí na slovese** (Kráčel <u>pomalu</u>.), **přídavném jménu**
  (Kráčející <u>pomalu</u>.) **nebo příslovci** (Velmi <u>pomalu</u>.)

- bývá vyjádřeno:
  - příslovcem (Vrať se <u>brzy</u>.)
  - podstatným jménem - s předložkou, bez předložky
    (Přijel <u>na nádraží</u>. <u>Halou</u> se ozývá hudba.)
  - zájmenem - s předložkou (Prošel <u>kolem ní</u>.)
  - neurčitkem (Bratr šel <u>nakoupit</u>.)

- **druhy, ptáme se:**
  - **místa**   - kde, odkud, kudy, kam (Odjel <u>do Prahy</u>.)
  - **času**   - kdy, odkdy, jak dlouho (Udělá to <u>zítra</u>.)
  - **způsobu**   - jak, jakým způsobem (Učí se <u>svědomitě</u>.)
  - **míry**   - jak hodně (Příliš <u>dlouze</u>.)
  - **příčiny**   - proč, z jaké příčiny (<u>Pro neznalost</u> neobstál.)
  - **účelu**   - proč, za jakým účelem (Hrál <u>pro potěšení</u>.)
  - **podmínky**   - kdy, za jaké podmínky
    (<u>Při vší ochotě</u> se to podařilo.)
  - **přípustky**   - i přes jakou skutečnost
    (<u>Přes všechny potíže</u> to dokončil.)
  - **prostředku** - čím, čí pomocí (Jel <u>autem</u>.)
  - **původu**   - z čeho (Vyrábět <u>ze dřeva</u>.)
  - **původce děje** - ve větách s trpným rodem (Byl ujištěn <u>přítelem</u>.)
  - **výsledku děje** - v co, koho (Proměnil se <u>v havrana</u>.)

- **může být:**
  - holé (Přijejde <u>zítra</u>.)
  - rozvité (Mluví <u>velmi dobře</u>.)
  - několikanásobné (Podíval se <u>doprava i doleva</u>.)

42 PŘÍSTAVEK - APOZICE

- je to **shodný přívlastek vyjádřený podstatným jménem**

- **může být:**
  - jednoslovný - pak je těsný (<u>Chudák</u> manžel se natrápil.)
  - rozvitý (Karel Hynek Mácha, <u>velký básník.</u>)
    - může být i několikanásobný
      (Karel Čapek, <u>český spisovatel a novinář.</u>)

- s řídícím podstatným jménem se shoduje v **pádě** a **čísle**,
  často se neshoduje v rodě (Říp, <u>naše památná hora.</u>)

- v řeči je oddělen pauzami, v písmu čárkami nebo pomlčkami

43 DOPLNĚK - ATRIBUT VERBÁLNÍ

- je **rozvíjející větný člen**
- **závisí** současně **na podst. jménu a slovesu** (Jan zůstal <u>sám.</u>)
- **vyjadřuje vlastnost, kterou má podstatné jméno
  za určitého děje** (Chlapci přišli <u>mokří.</u>)

- **je vyjádřen:**
  - příd. jménem - ve tvaru jmenném (Vrátili se <u>opáleni.</u>)
  - podst. jménem - 7. nebo 4. pádě
    (Vyučil se <u>zedníkem.</u> Považoval ho <u>za odborníka.</u>)
  - zájmenem (Přišel <u>sám.</u>)
  - číslovkou (Skončil <u>druhý.</u>)
  - infinitivem (Viděl sýkorku <u>poletovat.</u>)
  - jménem se spojkami jako, jakožto, coby
    (Pracoval <u>jako malíř.</u>)
  - přechodníkem (Běželi <u>smějíce se.</u>)

- **může být:**
  - **holý** (Přišli <u>žízniví.</u>)
  - **rozvitý** (Dorazili <u>úplně mokří.</u>)
  - **několikanásobný** (Vrátili se <u>unaveni a hladoví.</u>)

- **rozlišujeme:**
  - **shodný** - shoduje se s podstatným jménem
    v rodě, čísle a pádě
  - **neshodný** - obvykle je v jiném pádě než podst. jm.

SLUČOVACÍ

- věty jsou si významově rovnocenné
- **spojky:** a, i, nebo, také, též, pak, potom, ani - ani, i - i, jak - tak, hned - hned, jednak - jednak
- **příklad:** Nebuďte sobečtí, také k druhým máte povinnosti.

STUPŇOVACÍ

- druhá věta stupňuje význam věty první, je významově závažnější
- **spojky:** ba, ba i, dokonce i, nejen - ale, nejen - nýbrž
- **příklad:** Plán byl nejen splněn, nýbrž i překročen.

ODPOROVACÍ

- druhá věta odporuje větě první nebo nějak omezuje její platnost
- **spojky:** ale, avšak, však, nýbrž, leč, jenže, a přece, sice - ale
- **příklad:** Naslouchal sice pozorně, leč nic se neozvalo.

VYLUČOVACÍ

- jedna věta vylučuje platnost druhé: platí-li jedna, neplatí druhá
- **spojky:** nebo, anebo, či, buď - nebo, buď - anebo, zdali - či
- **příklad:** Ze školy jdu buď k babičce, nebo utíkám přímo domů.

PŘÍČINNÝ

- druhá věta vyjadřuje příčinu děje věty první
- **spojky:** neboť, vždyť, totiž
- **příklad:** Musíš se dobře oblékat, vždyť je tam zima.

DŮSLEDKOVÝ

- druhá věta vyjadřuje důsledek děje věty první
- **spojky:** proto, a proto, tedy, a tedy, tudíž, a tudíž, tak, a tak
- **příklad:** Schylovalo se k bouři, a proto jsme s prací pospíchali.

PODMĚTNÉ

otázky:	kdo?, co?
spojovací výrazy:	kdo, co, kde, kam, kdy, jak, aby, že
příklady:	Kdo má rád zvířata, nemůže jim ublížit.
	Není nutné, abyste tam šli oba dva.

PŘEDMĚTNÉ

otázky:	pádové otázky (kromě 1. a 5. pádu)
spojovací výrazy:	kdo, co, kde, kam, kdy, jak, aby, že
příklady:	Chtěl jsem vědět, kdo to udělal.
	Zmínil se o tom, že brzy odjede.

PŘÍSUDKOVÉ

otázky:	jaký (-á, -é)?
spojovací výrazy:	jak, jaký (-á, -é)
příklady:	Klec byla, jako by ji vymetl.
	Obloha byla, jako by ji namaloval.

PŘÍVLASTKOVÉ

otázky:	jaký (-á, -é)?, který (-á, -é)?, čí?
spojovací výrazy:	kdo, co, že, aby, který, jaký, jenž, kde, kam, odkud, kudy
příklady:	Celý život žil ve vesnici, kde se narodil.
	Překročili jsme potok, který tekl přes cestu.

DOPLŇKOVÉ

otázky:	jaký (-á, -é)?, jak?, čím?
spojovací výrazy:	jak, kterak
příklady:	Sledoval zvířata, jak se pasou na louce.
	Představil jsem si ji, jak bude tančit v našem klubu.

PŘÍSLOVEČNÉ

- viz tabulka č. 46

- **MÍSTNÍ**
  - **otázky:** kde?, odkud?, kudy?, kam?
  - **spojovací výrazy:** kde, odkud, kudy, kam
  - **příklady:** Zvíře se vrátilo tam, odkud vyšlo.

- **ČASOVÉ**
  - **otázky:** kdy?, odkdy?, jak dlouho?
  - **spojovací výrazy:** když, než, až, jakmile, sotva, zatímco
  - **příklady:** Odešel, až když zvířata usnula.

- **ZPŮSOBOVÉ**
  - **otázky:** jak?, jakým způsobem?
  - **spojovací výrazy:** jak, jako, jak - tak, než
  - **příklady:** Stroj spustíme tak, že stiskneme tlačítko.

- **MĚROVÉ**
  - **otázky:** jak?, jak hodně?
  - **spojovací výrazy:** čím - tím, více - než, takže, že
  - **příklady:** Zvířata spotřebovala více, než očekával.

- **PŘÍČINNÉ**
  - **otázky:** proč?, z jaké příčiny?
  - **spojovací výrazy:** že, protože, poněvadž
  - **příklady:** Měl rád zvířata, protože byl sám.

- **ÚČELOVÉ**
  - **otázky:** proč?, za jakým účelem?
  - **spojovací výrazy:** aby
  - **příklady:** Přišel, aby se podíval na zvířata.

- **PODMÍNKOVÉ**
  - **otázky:** kdy?, za jaké podmínky?
  - **spojovací výrazy:** když, kdyby, jetliže, -li
  - **příklady:** Líbila-li se zvířata přátelům, měl radost.

- **PŘÍPUSTKOVÉ**
  - **otázky:** i přes jakou skutečnost?
  - **spojovací výrazy:** ač, přestože, i když, třebaže, třebas
  - **příklady:** Přestože zvířata usnula, nechtěl odjet.

- NEPŘÍMÁ ŘEČ
  - podává něčí projev nepřímo, není označena úvozovkami:
    Petra řekla, že pojede na prázdniny do Krkonoš.

- PŘÍMÁ ŘEČ
  - podává něčí projev tak, jak byl pronesen, označujeme ji úvozovkami
  - bývá uvedena uvozovací větou

- uvozovací věta je:
  - **před přímou řečí:**
    Petr zavolal: „Pavle, pojď se na něco podívat!"
  - **za přímou řečí:** „Pavle, pojď se na něco podívat!" zavolal Petr.
  - **vložena mezi přímou řeč:**
    „Pavle," zavolal Petr, „pojď se na něco podívat!"

- jsou to ustálené grafické znaky
- užíváme je k vyjádření některých základních pojmů, zejména vědeckých a technických
- za značkami nepíšeme tečku
- užíváme různě upravených písmen (**$** - dolar, **£** - libra)
- písmena cizích abeced (Σ - suma, Δ - delta)
- zvláštní grafické znaky (**%** - procento, **§** - paragraf)
- písmenné značky (**m** - metr, **m²** - metr čtvereční, **m³** - metr krychlový, **g** - gram, **ha** - hektar, **l** - litr, **dl** - decilitr, **Kč** - česká koruna, **h** - haléř, **log** - logaritmus, **f** - síla, **t** - čas, **s** - dráha, **r** - poloměr, **tg** - tangens, **ff** - fortissimo, **H_2SO_4** - kyselina sírová, **ČR** - Česká republika, **LN** - Lidové noviny)
- číslice - arabské (1, 2, 3, 4, 5, 6, 7, 8, 9, 0)
- římské (I, II, V, X, L, C, D, M)
- označení data   - 15. 4. 1996
                   - 15. IV. 1996
                   - 15 / 4 1996

Tabulky č. 51, 52 - rozevřete obálku   (čeština